Karte und Kompass

Lien van Horen

Ars Scribendi Verlag

Titelbild
Mit einer Karte und einem Kompass kann man sich leicht orientieren.

MIX
Papier aus verantwortungsvollen Quellen
FSC www.fsc.org FSC® C 004472

0 / 16

ISBN 978-94-6341-611-5

Kontaktieren Sie **lektorat@coronalesen.de** oder besuchen Sie: **www.coronalesen.de**
Fragen zu den Veröffentlichungen von Corona Lesen richten Sie bitte an den Herausgeber. Der Herausgeber übernimmt keine Verantwortung für Fehler oder Missverständnisse.

Mehr Informationen über unser Programm finden Sie auf **www.coronalesen.de-**

Bestellen können Sie über unsere Webseite oder über den (Online-)Buchhandel.

Dieses Logo bietet Erstlesern, leseschwachen Kindern, Lehrern und Lehrerinnen online eine zusätzliche Hilfe zu diesem Buch.

Verwenden Sie dafür den Code auf **www.coronalesen.de**

16115

Inhaltsverzeichnis

1 Den Weg erklären

„Kannst du mir den Weg zum neuen Sportplatz erklären?“ Natürlich kannst du das, denn du bist dort schon gewesen. Aber wie schickst du eine Frau im Auto dorthin? Du siehst die Ampel vor dir, da muss sie rechts abbiegen. „Vielleicht kannst du es für mich aufmalen?“, fragt die Frau und gibt dir Stift und Papier. Das ist gar nicht so einfach. Du malst Linien für die Straßen und drei Kreise für die Ampel. Mit einem Pfeil zeigst du, wo es nach rechts geht. Es klappt ganz gut, aber auf einmal bist du schon am Rand des Papiers angekommen und die Straße müsste eigentlich noch ein Stückchen weitergehen.
„So finde ich es wohl, danke”, sagt die Frau.

Versuche, den Weg von deinem Zuhause zur Schule aufzumalen.
Ist dein Papier auch zu klein?

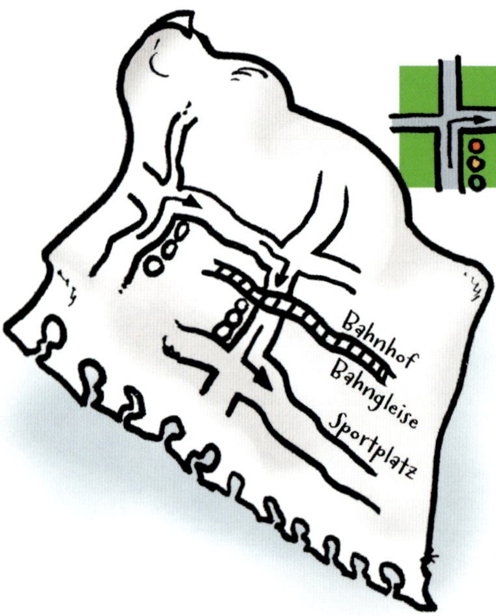

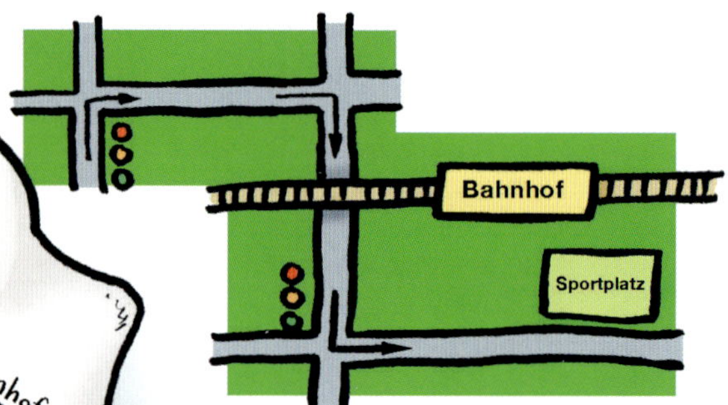

Es ist schwierig, jemandem einen Weg genau zu erklären. Mit einem **Lageplan** bzw. einer Karte ist das einfacher. Auf so einem Plan siehst du Straßen, wichtige Gebäude und Parkanlagen. Ein Sportplatz steht auch darauf. Doch solche Pläne sind oft ziemlich groß. Du musst sie ganz auseinanderfalten, um etwas zu suchen. Dann musst du sie wieder richtig zusammenfalten.
Auf dem Plan sieht alles anders aus als in Wirklichkeit. Der Sportplatz ist darauf eine grüne Fläche. Du musst dir den Plan gut ansehen, um zu verstehen, was dort alles zu erkennen ist.
Auch in Büchern gibt es Pläne, aber auf den Seiten siehst du immer nur einen Ausschnitt. Deshalb hast du keine Übersicht über den ganzen Weg zum Ziel.

2 Verschiedene Karten

Es gibt sehr viele verschiedene Karten. Diese Karten zeigen Dinge auf unterschiedliche Weise.
Am Eingang einer Stadt steht oft ein Schild mit einer Stadtkarte. Vielleicht steht in der Nähe deines Wohnortes auch eines.
Auf einem Stadtplan sind Häuser und Gebäude nicht wie in Echt aufgemalt, sondern als farbige Flächen. Wohngebiete sind vielleicht orange und Industriegebiete grau. Die Straßen haben eine andere Farbe als die Autobahnen.
Wenn du wissen möchtest, wo Köln liegt, dann schaust du auf einer **Landkarte** nach. Darauf stehen Städte und Dörfer, aber auch Flüsse, Seen und Wege.

Du wirst feststellen, dass Farben auch wichtig sind. Eine blaue Farbe steht für Wasser, eine grüne Farbe zeigt Wälder und Wiesen.
Der Kapitän eines Schiffes verwendet eine **Seekarte,** um **sich** zu **orientieren.** Damit kann er bestimmen, wo er gerade ist. Manchmal sind auf der Karte auch Schiffswracks verzeichnet. Dadurch weiß der Kapitän, dass er um solch ein gesunkenes Schiff herumfahren muss. In der Nähe von Häfen kann es außerdem **Untiefen** geben. Der Kapitän kann auf der Karte sehen, wo das Wasser für sein Schiff tief genug ist. So kann er sicher in den Hafen einfahren.

Möchtest du im Freizeitpark Efteling in den Niederlanden vom Märchenwald zum Spukschloss? Mit dem Plan findest du den Weg leicht.

Lagepläne

Wenn du eine Eintrittskarte für den Zoo kaufst, bekommst du einen Plan des Zoos mit. Der sieht völlig anders aus als die Karte von deinem Wohngebiet mit Flächen und Straßen. Auf dem Plan des Zoos erkennst du Zeichnungen der Tiere. Auf diese Weise siehst du sofort, wo deine Lieblingstiere zu finden sind. Auch die Wege sind dort eingezeichnet, die Gehege und das Restaurant.

Sternenkarte

Eine ganz andere Karte ist eine **Sternenkarte.** Diese Karte ist wichtig für **Astronomen.** Das sind Menschen, die die Sterne studieren. Sterne stehen häufig in Gruppen am Himmel. Diese Sterngruppen haben Namen, wie Steinbock oder Löwe.

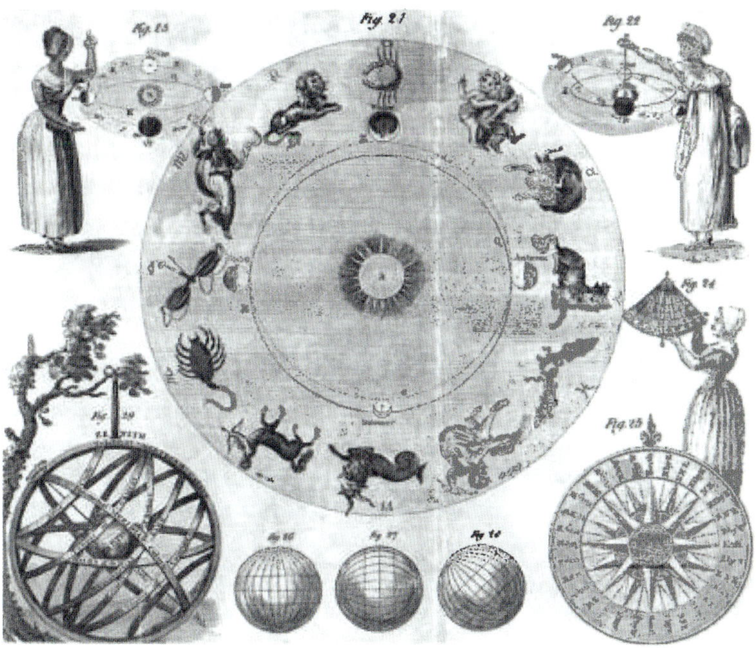

Die Gruppen von Sternen nennt man Sternbilder. Sie können zum Beispiel für Tiere stehen.

3 Symbole auf der Karte

Eine Karte dient nicht nur dazu, einen Weg zu finden. Du kannst dort auch viele andere Dinge ablesen. Du kannst zum Beispiel auf einer Karte sehen, wo es Parkplätze gibt. Man kann natürlich nicht alle Autos aufmalen, die auf den Parkplätzen stehen. Darum haben sich Menschen **Symbole** ausgedacht, die bestimmte Bedeutungen haben. Das Symbol für einen Parkplatz ist ein weißes P auf einem blauen Viereck. Das kennt jeder. Manchmal stehen auf einer Karte Symbole, die du nicht kennst. Die kannst du dann in der sogenannten **Legende** nachsehen. In diesem separaten Kasten auf der Karte werden alle Symbole erklärt.

In der Legende werden die Symbole der Karte erklärt.

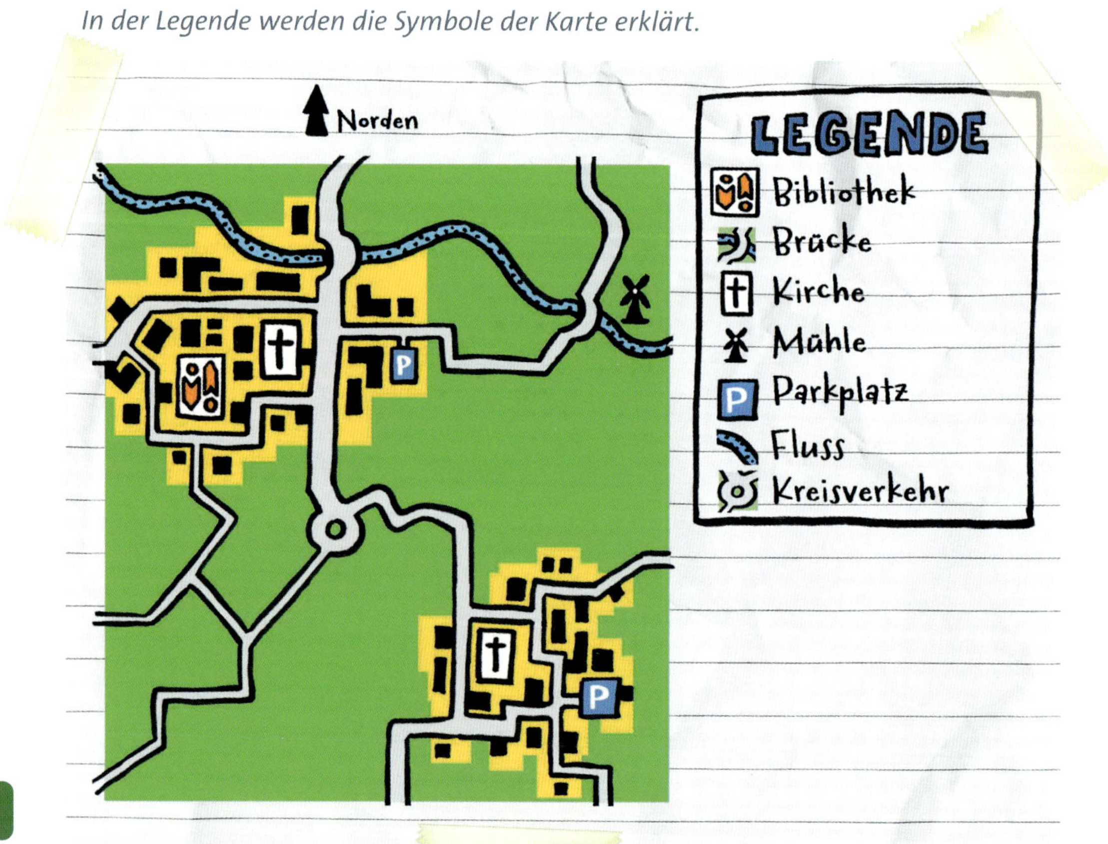

Auf einer **Wetterkarte** werden wieder andere Symbole verwendet. Sie zeigen an, wie das Wetter wird. Eine dunkle Wolke mit schrägen Streifen darunter bedeutet, dass es regnen wird. Bei einer Wolke mit einer halben Sonne wird die Sonne ab und zu scheinen.

Buchstaben und Zahlen

Auf den meisten Karten findest du Linien von oben nach unten und von links nach rechts. Diese Linien teilen die Karte in gleich große Flächen auf. Oben und unten auf der Karte stehen Großbuchstaben und an der Seite stehen Zahlen. Wenn du auf der Karte die Straße finden möchtest, in der du wohnst, dann kannst du in der Straßennamenliste nachsehen. Diese Liste steht meist auf der Rückseite der Karte. Hinter dem Straßennamen stehen ein Buchstabe und eine Zahl.

Liegt deine Straße im Feld C4? Suche den Buchstaben C. Wenn du ihn gefunden hast, fahre mit dem rechten Zeigefinger nach unten bis zur Zahl 4. In diesem Feld liegt deine Straße.

Damit eine ganze Stadt auf eine Karte passt, muss alles verkleinert werden. Die Karte hat einen **Maßstab.** Dieser gibt an, wie stark die Dinge auf der Karte vergrößert oder verkleinert dargestellt sind. Wenn alle Straßen und Gebäude ganz klein gezeichnet sind, passt sehr viel auf eine Karte. Man hat dann einen kleinen Maßstab und kann ein großes Gebiet zeigen. Wenn man alles groß aufmalt, passt nur ein kleines Gebiet auf eine Karte. Man hat dann einen großen Maßstab.

Auf beiden Bildern ist jeweils dasselbe Gebiet. Oben ist es mit kleinem Maßstab gezeichnet, unten mit großem Maßstab.

4 Die Weltkarte

Auf einer Weltkarte siehst du Linien. Mit diesen Linien kannst du genau bestimmen, wo ein Ort liegt. Es sind gedachte Linien. Es gibt sie nicht echt, sondern Menschen haben sie sich ausgedacht. Auf einer Weltkugel siehst du, dass es eigentlich Kreise sind. Ganz oben und unten liegen die **Pole.** Das sind die nördlichsten und südlichsten Gebiete der Erde. Dort ist es immer sehr kalt. Genau in der Mitte der Weltkugel, zwischen den Polen, liegt der **Äquator.** Dort ist die Weltkugel am dicksten und es ist dort immer sehr warm. Die Kreise, die wie der Äquator quer um die Erde laufen, sind die *Breitengrade*. Sie gehen von links nach rechts um die Erde und sind nicht alle gleich lang. Vom Äquator ausgehend werden sie nach oben und unten zu den Polen hin immer kürzer. Die Grade, die von oben nach unten gehen, nennt man *Längengrade*. Sie laufen durch beide Pole.

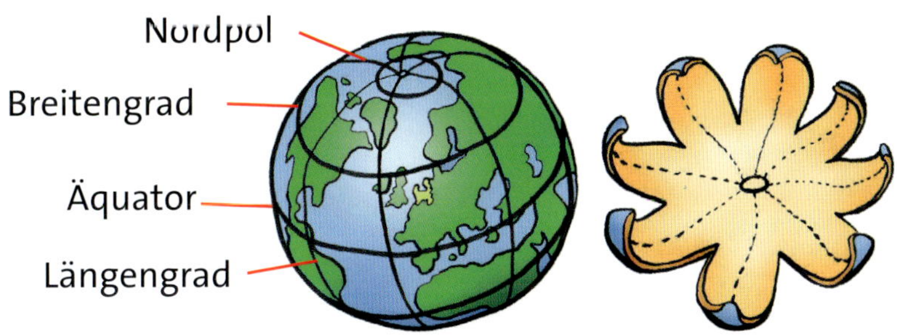

Vergleiche die Erdkugel mit einer Orange. Wie eine Orange kannst du die Erdkugel in Teile schneiden und sie nebeneinanderlegen. Du siehst die Welt dann flach.

Auf einem **Globus** siehst du alle Länder und Ozeane der Erde. Er ist rund, weil die Erde annähernd eine Kugel ist. Auf einer flachen Karte sind die Formen der Länder immer ein bisschen verändert. Sonst würden sie sehr seltsam aussehen. Es gibt Länder, die eher flach sind. Es ist nicht so schwierig, von diesen eine Karte anzufertigen. Aber wie ist das mit Ländern mit Bergen, wie zum Beispiel Deutschland? Wie zeichnet man diese auf ein flaches Stück Papier? Die Kartenmacher haben dafür eine Lösung gefunden. Sie zeichnen **Höhenlinien** auf der Karte ein. Die Linien verbinden alle Orte, die gleich hoch liegen.

Auf einer flachen Zeichnung kann man mit Höhenlinien zeigen, wie hoch und steil ein Berg ist. Wenn ein Berg sehr steil ist, dann liegen die Höhenlinien sehr dicht aneinander. Um die Höhenunterschiede noch deutlicher zu machen, bekommen die Flächen zwischen den Linien kleine Farbunterschiede.

5 Auf Entdeckungsreise

Vor mehr als viertausend Jahren haben die Einwohner von Babylon schon Karten gezeichnet. Dieses Land heißt nun Irak. Papier gab es noch nicht. Darum stellten sie Karten aus Lehm oder Ton her. Mit einem Nagel kratzten sie Städte und Flüsse in den Ton. Die ältesten Karten waren noch keine Weltkarten, weil große Teile der Welt noch nicht bekannt waren. Während der großen Entdeckungsreisen im 15. Jahrhundert (1400 – 1500) zogen europäische Seemänner aus, um mehr von der Welt kennenzulernen. Sie kamen zu Gebieten, wo sie noch nie vorher gewesen waren. Die Entdecker fingen an, diese Gebiete auf Papier aufzuzeichnen. Sie konnten zwar nicht so genau arbeiten, aber sie konnten angeben, wo sich ein Fluss befand und wie hoch die Berge waren.
Und sie bildeten ab, wo Bäume wuchsen und wo es Wüsten gab.
Zu Beginn zeichneten sie die Karten noch nicht mit Norden nach oben. Das passierte erst im Laufe des 17. Jahrhunderts, zwischen 1600 und 1700.

Wo ist Norden?

Die großen Entdeckungsreisen waren gefährliche Abenteuer. Wenn man sich nicht verirren wollte, musste man in der Nähe der Küste bleiben. Aber viele Seeleute wollten gerne den Ozean überqueren. So konnte es passieren, dass sie an einem ganz anderen Ort landeten als gedacht. Als man Steine entdeckte, die Eisen enthielten, wurde es einfacher. Diese Steine wirkten wie ein **Magnet.**

Mit dem Magneteisenstein –
oder auch *Magnetit* genannt –
wurde ein Stäbchen aus Eisen magnetisiert, indem man mehrmals in eine Richtung mit dem Stein darüberstrich. Dieses Eisenstäbchen wurde in der Kajüte auf dem Schiff auf eine Spitze gesetzt. So konnte es sich drehen und den Norden anzeigen. Das Innere der Erde besteht nämlich auch zu einem Teil aus Eisen mit magnetischer Kraft. In der Nähe der Pole ist diese Kraft am stärksten. Das Eisenstäbchen richtet sich dann von selbst in Richtung Norden aus. So konnten die Seeleute ihren Kurs behalten.
Magnetiten waren teuer und wurden meistens nicht mit an Bord genommen. Aber manchmal passierte das doch. Dann wurde der Magneteisenstein dazu genutzt, um das Eisenstäbchen neu zu magnetisieren.

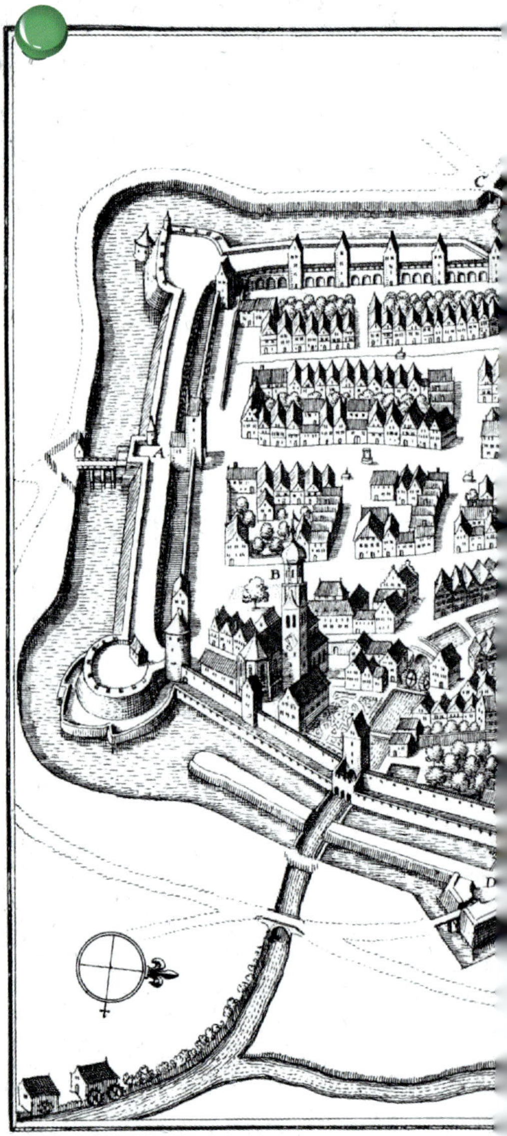

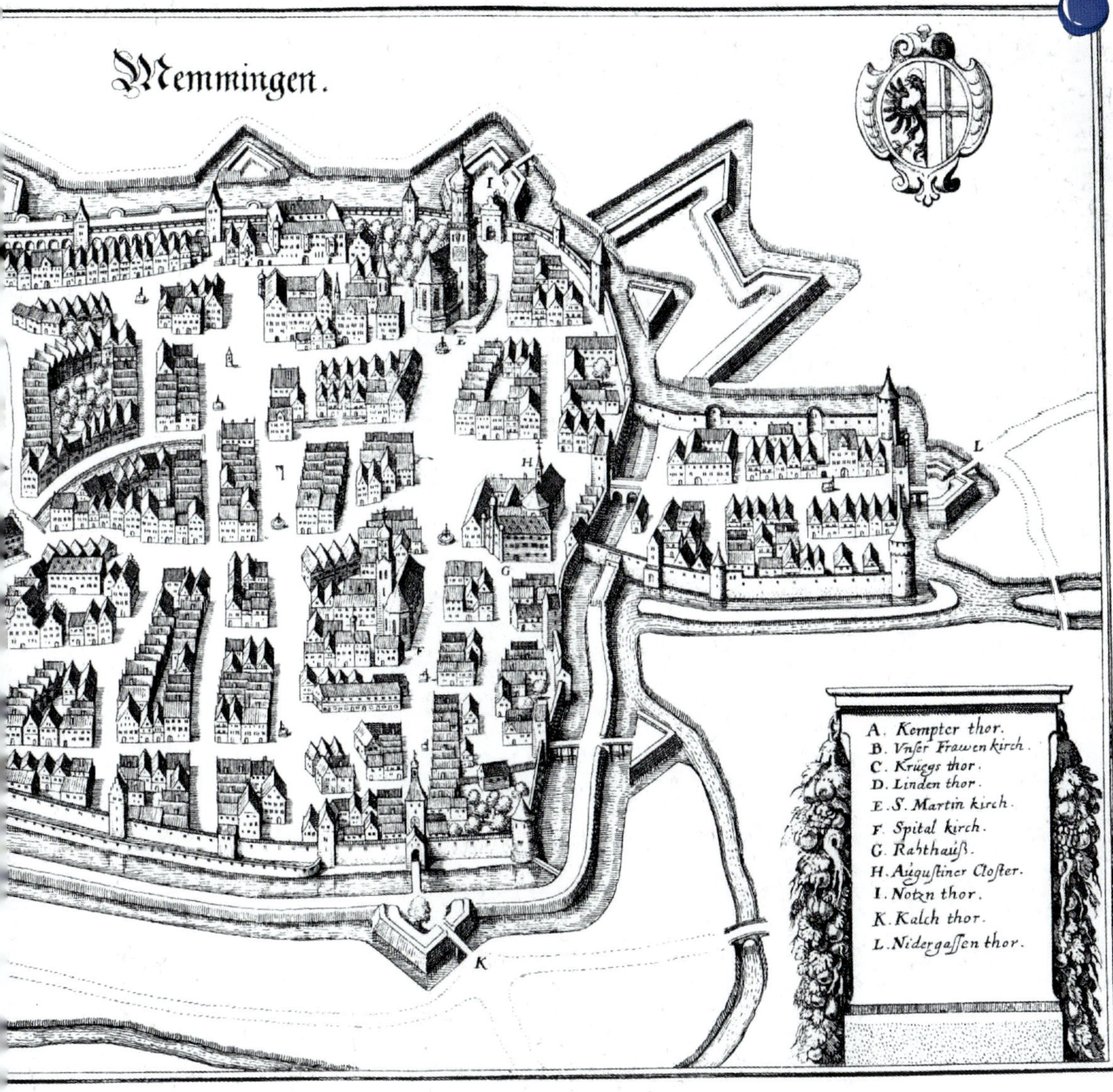

Diese Karte aus dem 17. Jahrhundert zeigt Memmingen in Bayern. An dem Symbol unten links in der Ecke kann man ablesen, dass Norden rechts liegt.

6 Nie mehr verlaufen

Das magnetisierte Eisenstäbchen, das die Entdecker nutzten, war noch sehr einfach. Mit einem modernen **Kompass** kann man die Richtung viel besser bestimmen. Darin ist auch eine Nadel auf einer Spitze. Die Nadel ist magnetisch, ihre Spitze zeigt immer nach Norden. Auch wenn man den Kompass dreht und dann wieder ruhig hält, dreht sich die Nadel sofort wieder Richtung Norden. Die Nadel wird vom magnetischen Nordpol angezogen.

Unter der Nadel sieht man Buchstaben und meist eine Art Stern. Das ist eine sogenannte *Windrose*. Die Buchstaben geben die verschiedenen Richtungen an. O steht für Osten, SW steht für Südwesten. Das Ablesen muss geübt werden. Nimm dir zum Beispiel einen Baum, den du von deinem Haus aus sehen kannst. Halte den Kompass in die Richtung des Baumes. Die Nadel zeigt

Es gibt Kurse, in denen du lernst, wie man mit einem Kompass umgeht. Auf dem Foto siehst du, dass die Windmühle in nordöstlicher Richtung steht.

nach Norden. Wenn du dich nun nach Norden wendest, kannst du anhand der Windrose ablesen, in welcher Richtung der Baum steht. Die Orientierung fällt schwerer, wenn du in einem Gebiet wanderst, das du noch nicht kennst. Neben einem Kompass brauchst du eine gute Karte. Auf einer Karte steht immer ein Pfeil, der Norden anzeigt. So weißt du, wie du die Karte halten musst und kannst herausfinden, wo du bist.

Altmodisch oder modern?

Neben dem Kompass gibt es ein modernes Gerät, mit dem man den Weg finden kann. Es ist häufig in Autos und Booten eingebaut. Man nennt es GPS. Die Buchstaben sind eine Abkürzung für das englische Wort *Global Positioning System*. Das bedeutet, dass das

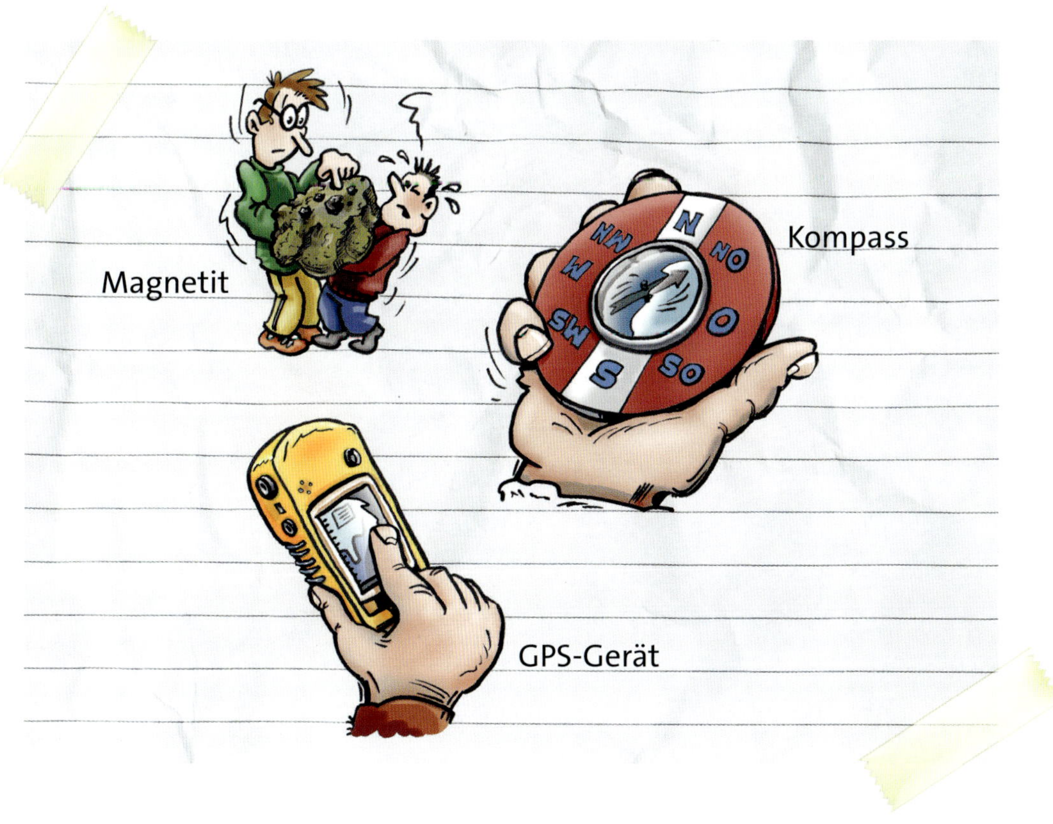

Gerät erkennen kann, an welchem Punkt der Erde du bist. Das GPS-Gerät empfängt Signale von **Satelliten.** Es gibt verschiedene von diesen unbemannten Raumfahrzeugen, die in einer Umlaufbahn um die Erde fliegen. Mit den Signalen, die der GPS-Apparat von mehreren Satelliten bekommt, kann er genau berechnen, wo du bist. Ein großer Vorteil ist, dass du auch im Dunkeln genau deine Position bestimmen kannst. Oder sogar in einem dichten Schneesturm. Aber gehe nie ohne Karte und Kompass los, wenn du den Weg nicht weißt. Denn es kann passieren, dass das GPS-Gerät mal nicht funktioniert.

7 Neue Techniken

Satelliten sind auch wichtige Hilfsmittel für **Kartografen.** Diese Menschen erstellen Karten am Computer. Sie brauchen dafür Fotos, die von einem Satelliten aus dem Weltraum gemacht werden. Diese Fotos werden zur Erde geschickt. Auf diese Weise bekommen die Kartografen ein ziemlich genaues Bild der Erde. Aber sie bekommen auch andere Informationen, zum Beispiel über Luftverschmutzungen und über Orkane. Mit diesen Informationen kann ein Kartograf auch Wetterkarten erstellen. Wenn der Kartograf eine Karte gezeichnet hat, kann er damit aber noch viel mehr machen. Die Landschaft verändert sich ständig, es werden neue Häuser gebaut und Straßen angelegt. Für die Häuser und die Straßen braucht man Sand. Dieser wird abgebaut und so entsteht ein neuer See. Alle diese Veränderungen kann der Kartograf mit dem Computer auf der Karte anpassen. Er kann auch eine Karte dreidimensional erstellen. Auf so einer Karte sieht man nicht nur die Höhe und Breite, sondern auch die Tiefe.

Hier siehst du drei verschiedene Karten von Deutschland. Das linke Foto zeigt eine Satelliten-Aufnahme. In der Mitte befindet sich eine geographische Karte, wie du sie in einem Atlas findest. Rechts ist eine **dreidimensionale** *Karte.*

Glossar

Äquator

Das ist ein gedachter Kreis um die Mitte der Erdkugel. Der Äquator teilt die Erde in zwei Hälften.

Astronom

Jemand, der Sternenkunde studiert hat.

dreidimensional

Wenn es neben der Höhe und Breite auch eine Tiefe gibt. Man kann auch sagen: 3D.

Globus

Weltkugel auf einem Ständer

Höhenlinien

So heißen die Linien auf einer Karte, die alle Punkte verbinden, die auf der gleichen Höhe liegen.

Kartograf

Jemand, der Landkarten oder Pläne erstellt.

Kompass

Das ist ein Gerät zur Bestimmung deines Standortes. In einem runden Behälter mit Sichtfenster ist eine Nadel, die nach Norden zeigt.

Lageplan

Eine Zeichnung oder Karte, auf der meistens Straßen und Gebäude verzeichnet sind. Du kannst darauf sehen, wie du irgendwo hinkommst.

Landkarte

Das ist eine Karte mit einem Plan der Erde oder eines Teils der Erde.

Legende

Liste mit Symbolen und Farben und den Erklärungen dazu

Magnet

Ein Magnet ist ein Stück Eisen, das andere Dinge aus Eisen anzieht. Diese bleiben daran hängen.

Maßstab

hier: Wie groß oder klein man etwas aufzeichnet.

(sich) orientieren

bestimmen, wo du dich befindest, die richtige Richtung suchen

Pol

Gebiet auf der Erde, wo es sehr kalt ist. Der Nordpol liegt ganz im Norden und der Südpol ganz im Süden.

Satellit

Raumfahrzeug, das ins Weltall geschossen wurde. Er kreist um die Erde und schickt Informationen oder Fotos zur Erde.

Seekarte

Das ist eine Karte, auf der das Meer mit allen Seewegen und Küsten abgebildet ist. Darauf stehen auch Hinweise für den Kapitän eines Schiffes.

Sternenkarte

Karte mit dem Sternenhimmel oder einem Teil davon

Symbol

Ding, Tier oder Zeichen, das für etwas anderes steht.

Untiefe

Das ist ein Bereich eines Gewässers mit geringer Tiefe. Schiffe drohen, in Untiefen festzulaufen. Deshalb müssen sie umfahren werden.

Wetterkarte

Das ist eine Karte, die anzeigt, wie das Wetter wird oder war.

Erfahre noch mehr

Möchtest du noch mehr über Karten, Kompasse und Magnete erfahren? Dann schaue mal in diese Bücher oder besuche folgende Internetseiten:

Geocaching und Naturabenteuer
(Leselauscher Wissen), Sandy Willems-van der Gieth, BVK Buch Verlag Kempen 2018

Das große Outdoor-Abenteuerbuch. Natur entdecken, erforschen und erleben
(Expedition Natur), Bärbel Oftring, moses. Verlag 2019

Magnetismus
(Wissen kompakt), Angela Royston, Ars Scribendi 2017

www.geo.de/geolino/natur-und-umwelt/13365-rtkl-orientierung-orientieren-der-natur-die-tricks
Auf dieser Seite erfährst du, wie du dich in der Natur orientieren kannst. Lerne, wie du deine Uhr als Kompass benutzen kannst oder wie dir das Moos an den Bäumen die Himmelsrichtungen zeigt.

www.geo.de/geolino/basteln/1666-rtkl-experiment-der-schattenkompass

Hier findest du eine Bastelanleitung, um dir deinen eigenen Schattenkompass zu bauen. Außerdem erhältst du hier Tipps, wie du einen Nadelkompass oder sogar einen Uhrenkompass basteln kannst.

t1p.de/kindernetz-magnetische-Pole

Hier lernst du, dass unsere Erde ein riesiger Magnet ist. Die Erde ist nämlich von einem riesigen Magnetfeld umgeben.

Kennst du diese Bücher schon?

Suchst du nach einem neuen spannenden Thema?

Dann sind vielleicht diese Bücher für dich interessant.

978-94-6341-609-2

978-94-6341-607-8

978-94-6341-610-8

Übersetzung + Lektorat:
Sandy Willems-van der Gieth & Simone Mann,
BVK Buch Verlag Kempen GmbH

Autor
Lien van Horen

Redaktion
Ida Schuurman
Machtelt van Thiel

Design
Ars Scribendi Verlag, Medea Media (Cover)

Bilderfassung
Lineair Beeldresearch, Arnhem

Bilder
Karin Ligthart, Amsterdam: Coverbild und S. 15
De Efteling B.V., Kaatsheuvel: S. 6
Bettmann/Getty, Amsterdam: S. 7
Gerard Blaeu, Toonneel der Steden/www.noviomagus.nl: S. 14-15
Shutterstock: Artalis S. 19, Bildagentur Zoonar GmbH S. 19
Wikimedia Commons/De_Merian_Sueviae: S. 19

Zeichnungen
Peter Welleman, Rotterdam

Ach so! Globolino — 4-8 Jahre

Na klar! Globolino — 8+

Gecheckt! Um den Globus — 10+